Director Creativo: Jim Bolton

Diseño por Gloria Chantell

Edición por Bonne Steffen

Traducción por Cecilia Castro

ISBN: 1-4143-0179-0

Impreso en los Estados Unidos de América

LA PASIÓN

FOTOGRAFÍA DE LA PELÍCULA

LA PASIÓN DE CRISTO

PREFACIO

La gente me pregunta a menudo por qué quería hacer una película acerca de la Pasión de Nuestro Señor. Mi respuesta habitual es que he querido hacer esta película durante más de diez años, lo cual es verdad. Eso parece responder la pregunta para muchos.

La realidad, por supuesto, es más compleja y se inició durante un tiempo en que me encontraba atrapado por sentimientos de terrible soledad y vacío. Como fui criado para ser un buen Cristiano y buen Católico, el único recurso efectivo para mí fue la oración. Le pedí al Señor Su ayuda.

Fue durante este período de meditación y oración cuando concebí por primera vez la idea de hacer una película acerca de La Pasión. La idea tomó raíces muy gradualmente. Empecé a observar el trabajo de algunos de los grandes artistas que se inspiraron en la misma historia. Caravaggio me vino a la memoria inmediatamente, así como Mantegna, Masaccio, Piero della Francesca . . . sus pinturas fueron tan fieles a su inspiración como yo quería que la película lo fuera a la mía. Una cosa es pintar un momento de La Pasión y ser veraz; es otra muy diferente dramatizar todo el evento misterioso.

Las Sagradas Escrituras y las visiones aceptadas de La Pasión eran los únicos textos posibles de donde podía inspirarme para realizar una película dramática, pero ¿qué acerca de la película en sí misma? Quería que el esfuerzo fuera un testimonio al infinito amor de Jesús El Cristo, que ha salvado, y continúa salvando, a muchos alrededor del mundo.

Hay una palabra en el griego clásico que define muy bien qué "verdad" guió mi trabajo y el de todos los demás involucrados en el proyecto: *alētheia*. Significa simplemente "inolvidable" (derivado de *lēthē*—agua del Rio del Olvido del libro de Homero). Desafortunadamente, "olvidar" ahora es un parte del ritual de nuestra existencia moderna secular. En este sentido la película no es un documental histórico ni pretende haber recopilado todos los hechos pero sí enumera aquellos descritos en las Sagradas Escrituras pertinentes. No es solamente representativa ni solamente expresiva. Pienso en ella como contemplativa en el sentido que uno está obligado a recordar (no olvidar) en una forma espiritual que no puede ser articulada, sólo experimentada.

Esa es la verdad a la que aspiraba yo, como también lo hacían mis amigos Philippe Antonello y Ken Duncan, quienes estaban a menudo a la mano durante la filmación. Su fina percepción para mirar y ver llena este libro. Las imágenes que se mueven rápidamente en la película se mueven más lentamente en estas fotografías, pero lo colocan a usted en los momentos que ellas representan. Son, por derecho propio, piezas de una revelación mayor. Mi esperanza renovada es que *La Pasión de El Cristo* ayudará a más personas a reconocer el poder de Su amor y Le permitirá ayudarlas a salvar sus propias vidas.

Los Angeles, octubre de 2003

LA PASIÓN

GETSEMANÍ

Entonces llegó Jesús con ellos a un lugar que se llama Getsemaní, y dijo a sus discípulos: —Sentaos aquí, entre tanto que voy allí y oro—. Y tomando a Pedro y a los dos hijos de Zebedeo, comenzó a entristecerse y a angustiarse en gran manera. Entonces Jesús les dijo: —Mi alma está muy triste, hasta la muerte; quedaos aquí y velad conmigo.

Yendo un poco adelante, se postró sobre su rostro, orando y diciendo: «Padre mío, si es posible, pase de mí esta copa; pero no sea como yo quiero, sino como tú». Volvió luego a sus discípulos y los halló durmiendo, y dijo a Pedro: —¿Así que no habéis podido velar conmigo una hora? Velad y orad para que no entréis en tentación; el espíritu a la verdad está dispuesto, pero la carne es débil.

Otra vez fue y oró por segunda vez, diciendo: «Padre mío, si no puede pasar de mí esta copa sin que yo la beba, hágase tu voluntad». Volvió otra vez y los halló durmiendo, porque los ojos de ellos estaban cargados de sueño.

Y dejándolos, se fue de nuevo y oró por tercera vez, diciendo las mismas palabras. Entonces se acercó a sus discípulos y les dijo: —¡Dormid ya y descansad! Ha llegado la hora, y el Hijo del hombre es entregado en manos de pecadores. ¡Levantaos, vamos! Ved, se acerca el que me entrega.

TRAICIÓN DE JESUS

Judas, pues, tomando una compañía de soldados y guardias de los principales sacerdotes y de los fariseos, fue allí con linternas, antorchas y armas.

Pero Jesús, sabiendo todas las cosas que le habían de sobrevenir, se adelantó y les preguntó: —¿A quién buscáis?

Le respondieron: —A Jesús nazareno.

Jesús les dijo: —Yo soy—. Estaba también con ellos Judas, el que lo entregaba. Cuando les dijo: «Yo soy», retrocedieron y cayeron a tierra. Volvió, pues, a preguntarles: —¿A quién buscáis?

Y ellos dijeron: —A Jesús nazareno.

Respondió Jesús: —Os he dicho que yo soy. Si me buscáis a mí, dejad ir a estos.

El que lo entregaba les había dado señal, diciendo: «Al que yo bese, ese es. Prendedlo y llevadlo con seguridad». En seguida se acercó a Jesús y dijo: —¡Salve, Maestro!— Y lo besó.

Jesús le dijo: —Amigo, ¿a qué vienes?— Entonces se acercaron y echaron mano a Jesús, y lo prendieron. Pero uno de los que estaban con Jesús, echando mano de su espada, hirió a un siervo del Sumo sacerdote y le quitó la oreja.

Entonces Jesús le dijo: —Vuelve tu espada a su lugar, porque todos los que tomen espada, a espada perecerán. ¿Acaso piensas que no puedo ahora orar a mi Padre, y que él no me daría más de doce legiones de ángeles? ¿Pero cómo entonces se cumplirían las Escrituras, de que es necesario que así se haga?— Y tocando su oreja, lo sanó.

Entonces Jesús dijo a los principales sacerdotes, a los jefes de la guardia del templo y a los ancianos que habían venido contra él: —¿Como contra un ladrón habéis salido con espadas y palos? Habiendo estado con vosotros cada día en el templo, no extendisteis las manos contra mí; pero esta es vuestra hora y la potestad de las tinieblas.

Entonces todos los discípulos, dejándolo, huyeron. Pero cierto joven lo seguía, cubierto el cuerpo con una sábana. Lo prendieron, pero él, dejando la sábana, huyó desnudo.

Mateo 26:36-46, 49-54, 56; Juan 18:3-8; Marcos 14:44, 51-52; Lucas 22:51-53

«Padre mío, si es posible, pase de mí esta copa».

Mateo 26:39

Ellos le asignaron treinta piezas de plata.

Mateo 26:15

«Ya se acerca el que me entrega».

Marcos 14:42

SHLAM RABBANA

—¡Salve, Maestro!

Mateo 26:49

Entonces Jesús, tocando su oreja, lo sanó.

Lucas 22:51

¡Lo han arrestado!

JESÚS ARRESTADO

Entonces la compañía de soldados, el comandante y los guardias de los judíos prendieron a Jesús, lo ataron y lo llevaron primeramente ante Anás, porque era suegro de Caifás, que era Sumo sacerdote aquel año. Caifás fue quien explicó a los judíos que convenía que un solo hombre muriera por el pueblo.

Seguían a Jesús Simón Pedro y otro discípulo. Este discípulo era conocido del Sumo sacerdote, y entró con Jesús al patio del Sumo sacerdote; pero Pedro estaba fuera, a la puerta. Salió, pues, el discípulo que era conocido del Sumo sacerdote, y habló a la portera e hizo entrar a Pedro.

El Sumo sacerdote preguntó a Jesús acerca de sus discípulos y de su doctrina. Jesús le respondió: —Yo públicamente he hablado al mundo. Siempre he enseñado en la sinagoga y en el templo, donde se reúnen todos los judíos, y nada he hablado en oculto. ¿Por qué me preguntas a mí? Pregunta, a los que han oído, de qué les he hablado; ellos saben lo que yo he dicho.

Cuando Jesús dijo esto, uno de los guardias que estaba allí le dio una bofetada, diciendo: —¿Así respondes al Sumo sacerdote?

Jesús le respondió: —Si he hablado mal, testifica en qué está el mal; pero si bien, ¿por qué me golpeas?

Anás entonces lo envió atado a Caifás, el Sumo sacerdote.

Juan 18:12-16, 19-24

—¿Y qué sabiduría es esta que le es dada, y estos milagros que por
sus manos son hechos? ¿No es este el carpintero, hijo de María?

Marcos 6:2-3

El Sumo sacerdote preguntó a Jesús acerca de sus discípulos y de su doctrina.

Jesús le respondió: —Yo públicamente he hablado al mundo. Pregunta,

a los que han oído; ellos saben lo que yo he dicho.

Juan 18:19-21

Claudia, la esposa de Pilato, tiene un sueño.

JESÚS ANTE CAIFÁS

Los que prendieron a Jesús lo llevaron al Sumo sacerdote Caifás, adonde estaban reunidos los escribas y los ancianos. Pero Pedro lo siguió de lejos hasta el patio del Sumo sacerdote; y entrando, se sentó con los guardias para ver el fin.

Los principales sacerdotes, los ancianos y todo el Concilio, buscaban falso testimonio contra Jesús para entregarlo a la muerte, pero no lo hallaron, aunque se presentaron muchos testigos falsos. Pero al fin vinieron dos testigos falsos, que dijeron: —Este dijo: "Puedo derribar el templo de Dios y en tres días reedificarlo".

Se levantó el Sumo sacerdote y le preguntó: —¿No respondes nada? ¿Qué testifican estos contra ti?

Pero Jesús callaba. Entonces el Sumo sacerdote le dijo:
   Te conjuro por el Dios viviente que nos digas si eres tú el Cristo, el Hijo de Dios.

Jesús le dijo: —Tú lo has dicho. Y además os digo que desde ahora veréis al Hijo del hombre sentado a la diestra del poder de Dios y viniendo en las nubes del cielo.

Entonces el Sumo sacerdote rasgó sus vestiduras, diciendo: —¡Ha blasfemado! ¿Qué más necesidad tenemos de testigos? Ahora mismo habéis oído su blasfemia. ¿Qué os parece?

Y respondiendo ellos, dijeron: —¡Es reo de muerte!

Entonces lo escupieron en el rostro y le dieron puñetazos; y otros lo abofeteaban diciendo: —Profetízanos, Cristo, quién es el que te golpeó.

PEDRO NIEGA A JESÚS

Estando Pedro sentado fuera, en el patio, se le acercó una criada y le dijo: —Tú también estabas con Jesús, el galileo—. Pero él negó delante de todos, diciendo: —No sé lo que dices.

Saliendo él a la puerta, lo vio otra y dijo a los que estaban allí: —También este estaba con Jesús, el nazareno.

Pero él negó otra vez con juramento: —¡No conozco al hombre!

Un poco después, acercándose los que por allí estaban, dijeron a Pedro: —Verdaderamente también tú eres de ellos, porque aun tu manera de hablar te descubre.

Entonces él comenzó a maldecir y a jurar: —¡No conozco al hombre!

Y en seguida cantó el gallo. Entonces Pedro se acordó de las palabras que Jesús le había dicho: «Antes que cante el gallo, me negarás tres veces». Y saliendo fuera, lloró amargamente.

MUERTE DE JUDAS

Entonces Judas, el que lo había entregado, viendo que era condenado, devolvió arrepentido las treinta piezas de plata a los principales sacerdotes y a los ancianos, diciendo: —Yo he pecado entregando sangre inocente.

Pero ellos dijeron: —¿Qué nos importa a nosotros? ¡Allá tú!— Entonces, arrojando las piezas de plata en el templo, salió, y fue y se ahorcó.

Los principales sacerdotes, tomando las piezas de plata, dijeron: —No está permitido echarlas en el tesoro de las ofrendas, porque es precio de sangre.

Y, después de consultar, compraron con ellas el campo del alfarero, para sepultura de los extranjeros. Por lo cual aquel campo se llama hasta el día de hoy: «Campo de sangre». Así se cumplió lo dicho por el profeta Jeremías, cuando dijo: «Tomaron las treinta piezas de plata, precio del apreciado, según precio puesto por los hijos de Israel, y las dieron para el campo del alfarero, como me ordenó el Señor».

Mateo 26:57-75, 27:3-10

Entonces el Sumo sacerdote le dijo: —Te conjuro por el Dios

viviente que nos digas si eres tú el Cristo, el Hijo de Dios.

Mateo 26:63

Entonces Pedro se acordó de las palabras que Jesús le había dicho: «Antes que cante el gallo, me negarás tres veces». Y saliendo fuera, lloró amargamente.

Mateo 26:75

—Yo he pecado entregando sangre inocente.

Mateo 27:4

NOLI HUNC HOMINEM GALILAEUM CONDEMNARE. SANCTUS EST.

—*No condenes al galileo. Es un hombre santo.*

JESÚS ANTE PILATO

Llevaron a Jesús de casa de Caifás al pretorio. Era de mañana, y ellos no entraron en el pretorio para no contaminarse y así poder comer la Pascua. Entonces salió Pilato a donde ellos estaban, y les dijo: —¿Qué acusación traéis contra este hombre?

Y comenzaron a acusarlo, diciendo: —Hemos encontrado que este pervierte a la nación, y que prohíbe dar tributo a César, diciendo que él mismo es el Cristo, un Rey. Si este no fuera malhechor, no te lo habríamos entregado.

Entonces les dijo Pilato: —Tomadlo vosotros y juzgadlo según vuestra ley.

Los judíos le dijeron: —A nosotros no nos está permitido dar muerte a nadie.

Entonces Pilato volvió a entrar en el pretorio, llamó a Jesús y le dijo: —¿Eres tú el Rey de los judíos?

Jesús le respondió: —¿Dices tú esto por ti mismo o te lo han dicho otros de mí?

Pilato le respondió: —¿Soy yo acaso judío? Tu nación y los principales sacerdotes te han entregado a mí. ¿Qué has hecho?

Respondió Jesús: —Mi Reino no es de este mundo; si mi Reino fuera de este mundo, mis servidores pelearían para que yo no fuera entregado a los judíos; pero mi Reino no es de aquí.

Le dijo entonces Pilato: —Luego, ¿eres tú rey?

Respondió Jesús: —Tú dices que yo soy rey. Yo para esto he nacido y para esto he venido al mundo: para dar testimonio de la verdad. Todo aquel que es de la verdad, oye mi voz.

Le dijo Pilato: —¿Qué es la verdad?— Y dicho esto, salió otra vez a donde estaban los judíos, y les dijo: —Yo no hallo en él ningún delito.

Pero ellos porfiaban, diciendo: —Alborota al pueblo, enseñando por toda Judea, comenzando desde Galilea hasta aquí.

Entonces Pilato, cuando oyó decir "Galilea", preguntó si el hombre era galileo. Y al saber que era de la jurisdicción de Herodes, lo remitió a Herodes, que en aquellos días también estaba en Jerusalén.

JESÚS ANTE HERODES

Herodes, al ver a Jesús, se alegró mucho, porque hacía tiempo que deseaba verlo, porque había oído muchas cosas acerca de él y esperaba verlo hacer alguna señal. Le hizo muchas preguntas, pero él nada le respondió.

Estaban los principales sacerdotes y los escribas acusándolo con gran vehemencia. Entonces Herodes con sus soldados lo menospreció y se burló de él, vistiéndolo con una ropa espléndida; y volvió a enviarlo a Pilato. Y aquel día, Pilato y Herodes, que estaban enemistados, se hicieron amigos.

JESÚS DEVUELTO A PILATO

En el día de la Fiesta les soltaba un preso, cualquiera que pidieran. Y había uno que se llamaba Barrabás, preso con sus compañeros de motín que habían cometido homicidio en una revuelta. Viniendo la multitud, comenzó a pedir que hiciera como siempre les había hecho.

Entonces Pilato, convocando a los principales sacerdotes, a los gobernantes y al pueblo, les dijo: —Me habéis presentado a este como un hombre que perturba al pueblo; pero, habiéndolo interrogado yo delante de vosotros, no he hallado en él delito alguno de aquellos de que lo acusáis. Ni tampoco Herodes, porque os remití a él. Nada digno de muerte ha hecho este hombre, así que lo soltaré después de castigarlo.

Juan 18:28-31, 33-38; Lucas 23:2, 4-16; Marcos 15:6-8

—¿Quién puede explicarme esta locura?

—¿Eres tú rey?

Juan 18:37

—*Mi reino no es de este mundo.*

Juan 18:36

Al saber que Jesús era de la jurisdicción de Herodes, Pilato lo remitió a Herodes.
Herodes le hizo muchas preguntas, pero Jesús nada le respondió.
Entonces Herodes con sus soldados lo menospreció y se burló de él.

Lucas 23:7, 9, 11

—¿A quién queréis que os suelte: a Barrabás
o a Jesús, llamado el Cristo?

Mateo 27:17

JESÚS AZOTADO; BARRABÁS LIBERADO

Así que tomó entonces Pilato a Jesús y lo azotó.

Entonces Pilato salió otra vez, y les dijo: —Mirad, os lo traigo fuera para que entendáis que ningún delito hallo en él. ¡Este es el hombre!— Pero los principales sacerdotes y los ancianos persuadieron a la multitud que pidiera a Barrabás y que se diera muerte a Jesús.

Respondiendo el gobernador, les dijo: —¿A cuál de los dos queréis que os suelte?— Y ellos dijeron: —A Barrabás—. Pilato les preguntó: —¿Qué, pues, haré de Jesús, llamado el Cristo?

Todos le dijeron: —¡Sea crucificado!

El gobernador les dijo: —Pues ¿qué mal ha hecho?

Pero ellos gritaban aún más, diciendo: —¡Sea crucificado!

Pilato les dijo: —Tomadlo vosotros y crucificadlo, porque yo no hallo delito en él.

Los judíos le respondieron: —Nosotros tenemos una ley y, según nuestra ley, debe morir, porque se hizo a sí mismo Hijo de Dios.

Cuando Pilato oyó decir esto, tuvo más miedo. Entró otra vez en el pretorio, y dijo a Jesús: —¿De dónde eres tú?— Pero Jesús no le respondió. Entonces le dijo Pilato: —¿A mí no me hablas? ¿No sabes que tengo autoridad para crucificarte y autoridad para soltarte?

Respondió Jesús: —Ninguna autoridad tendrías contra mí si no te fuera dada de arriba; por tanto, el que a ti me ha entregado, mayor pecado tiene.

Desde entonces procuraba Pilato soltarlo, pero los judíos daban voces diciendo: —Si a este sueltas, no eres amigo de César; todo el que se hace rey, a César se opone.

JESÚS SENTENCIADO A MUERTE

Entonces Pilato, oyendo esto, llevó fuera a Jesús, y se sentó en el tribunal, en el lugar llamado El Enlosado, en hebreo, Gábata. Era la preparación de la Pascua y como la hora sexta. Entonces dijo a los judíos: —¡Aquí tenéis a vuestro Rey!

Pero ellos gritaron: —¡Fuera! ¡Fuera! ¡Crucifícalo!

Pilato les dijo: ¿A vuestro Rey he de crucificar?

Respondieron los principales sacerdotes: —¡No tenemos más rey que César!

Viendo Pilato que nada adelantaba, sino que se hacía más alboroto, tomó agua y se lavó las manos delante del pueblo, diciendo: —Inocente soy yo de la sangre de este justo. Allá vosotros.

Pero ellos insistían a gritos, pidiendo que fuera crucificado; y las voces de ellos y de los principales sacerdotes se impusieron. Entonces Pilato sentenció que se hiciera lo que ellos pedían. Les soltó a aquel que había sido echado en la cárcel por rebelión y homicidio, a quien habían pedido.

Entonces los soldados del gobernador llevaron a Jesús al pretorio y reunieron alrededor de él a toda la compañía. Lo desnudaron y le echaron encima un manto escarlata; pusieron sobre su cabeza una corona tejida de espinas, y una caña en su mano derecha; e hincando la rodilla delante de él, se burlaban, diciendo: —¡Salve, rey de los judíos!— Le escupían, y tomando la caña lo golpeaban en la cabeza. Después de haberse burlado de él, le quitaron el manto, le pusieron sus vestidos y lo llevaron para crucificarle.

Juan 19:1, 4-5, 6-15; Mateo 27:20-24, 27-31; Lucas 23:23-25

*Como un cordero fue llevado al matadero; como una oveja delante
de sus trasquiladores, enmudeció, no abrió su boca.*

Isaías 53:7

Antes de la fiesta de la Pascua, se levantó de la cena y comenzó a lavar los pies de los discípulos. Así que, después que les lavó los pies, les dijo: —Ejemplo os he dado para que, como yo os he hecho, vosotros también hagáis.

Juan 13:1, 4-5, 12, 15

Como se asombraron de ti muchos (pues de tal manera estaba desfigurada
su apariencia, que su aspecto no parecía el de un ser humano).

Isaías 52:14

¡El Rey de los judíos!

*Jesús dijo a la mujer sorprendida en adulterio: —¿Dónde están
los que te acusaban? Ni yo te condeno; vete y no peques más.*

John 8:3, 10-11

—¡Este es el hombre! ¡Aquí tenéis a vuestro Rey!

Juan 19:5, 14

—*Inocente soy yo de la sangre de este justo.*

Mateo 27:24

LA CRUCIFIXIÓN

Cuando lo llevaban, tomaron a cierto Simón de Cirene, que venía del campo, y le pusieron encima la cruz para que la llevara tras Jesús. Lo seguía una gran multitud del pueblo, y de mujeres que lloraban y hacían lamentación por él. Pero Jesús, volviéndose hacia ellas, les dijo: —Hijas de Jerusalén, no lloréis por mí, sino llorad por vosotras mismas y por vuestros hijos, porque vendrán días en que dirán: "Bienaventuradas las estériles y los vientres que no concibieron y los pechos que no criaron". Entonces comenzarán a decir a los montes: "Caed sobre nosotros", y a los collados: "Cubridnos".

Y lo llevaron a un lugar llamado Gólgota, (que significa: "Lugar de la Calavera"). Llevaban también con él a otros dos, que eran malhechores, para ser ejecutados. Lo crucificaron allí, y a los malhechores, uno a la derecha y otro a la izquierda.

Jesús decía: —Padre, perdónalos, porque no saben lo que hacen.

El pueblo estaba mirando, y aun los gobernantes se burlaban de él diciendo: —A otros salvó; sálvese a sí mismo, si este es el Cristo, el escogido de Dios—. Los soldados también se burlaban de él, y se acercaban ofreciéndole vinagre y diciendo: —Si tú eres el Rey de los judíos, sálvate a ti mismo.

Había también sobre él un título escrito con letras griegas, latinas y hebreas: «Este es el Rey de los judíos». Muchos de los judíos leyeron este título, porque el lugar donde Jesús fue crucificado estaba cerca de la ciudad, y el título estaba escrito en hebreo, en griego y en latín. Dijeron a Pilato los principales sacerdotes de los judíos: —No escribas: "Rey de los judíos", sino: "Este dijo: Soy rey de los judíos"—. Respondió Pilato: —Lo que he escrito, he escrito.

Cuando los soldados crucificaron a Jesús, tomaron sus vestidos e hicieron cuatro partes, una para cada soldado. Tomaron también su túnica, la cual era sin costura, de un solo tejido de arriba abajo. Entonces dijeron entre sí: —No la partamos, sino echemos suertes sobre ella, a ver de quién será—. Esto sucedió para que se cumpliera la Escritura, que dice: «Repartieron entre sí mis vestidos, y sobre mi ropa echaron suertes». Y así lo hicieron los soldados.

Uno de los malhechores que estaban colgados lo insultaba diciendo: —Si tú eres el Cristo, sálvate a ti mismo y a nosotros.

Respondiendo el otro, lo reprendió, diciendo: —¿Ni siquiera estando en la misma condenación temes tú a Dios? Nosotros, a la verdad, justamente padecemos, porque recibimos lo que merecieron nuestros hechos; pero este ningún mal hizo—. Y dijo a Jesús: —Acuérdate de mí cuando vengas en tu Reino.

Entonces Jesús le dijo: —De cierto te digo que hoy estarás conmigo en el paraíso.

Estaban junto a la cruz de Jesús su madre y la hermana de su madre, María mujer de Cleofas, y María Magdalena. Cuando vio Jesús a su madre y al discípulo a quien él amaba, que estaba presente, dijo a su madre: —Mujer, he ahí tu hijo—. Después dijo al discípulo: —He ahí tu madre—. Y desde aquella hora el discípulo la recibió en su casa.

Lucas 23:26-30, 32-43; Marcos 15:22; Juan 19:20-27

Por medio de violencia y de juicio fue quitado.
Por la rebelión de mi pueblo fue herido.

Isaías 53:8

Despreciado y desechado—varón de dolores,
experimentado en sufrimiento.

Isaías 53:3

—*Mi hijo.*

Lo llevaron a un lugar llamado Gólgota,
(que significa: «Lugar de la Calavera»).

Marcos 15:22

—¡Cuánto he deseado comer con vosotros
esta Pascua antes que padezca!

Lucas 22:15

Desgarraron mis manos y mis pies.

Salmo 22:16

QABBILU LEH AKULU. DNA HU GISHMI.

—Tomad, comed; esto es mi cuerpo.

Mateo 26:26

—*Bebed de ella todos, porque esta es mi sangre.*

Mateo 26:27-28

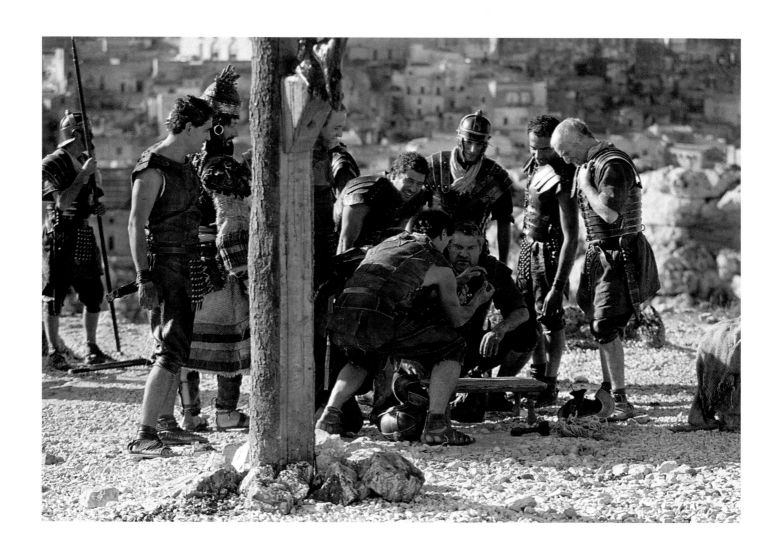

Repartieron entre sí mis vestidos y
sobre mi ropa echaron suertes.

Salmo 22:18

—*De cierto te digo que hoy estarás conmigo en el paraíso.*

Lucas 23:43

Cuando vio Jesús a su madre y al discípulo a quien él amaba,
que estaba presente, dijo a su madre: —Mujer, he ahí tu hijo—.
Después dijo al discípulo: —He ahí tu madre.

Juan 19:26-27

—*Dios mío, Dios mío, ¿por qué me has desamparado?*

Marcos 15:34

—¡*Consumado es!*

Juan 19:30

El velo del templo se rasgó en dos, de arriba abajo; la tierra tembló,

las rocas se partieron, y los sepulcros se abrieron.

Mateo 27:51-52

JESÚS SEPULTADO

Después de todo esto, José de Arimatea, que era discípulo de Jesús, pero secretamente por miedo de los judíos, rogó a Pilato que le permitiera llevarse el cuerpo de Jesús; y Pilato se lo concedió. Entonces fue y se llevó el cuerpo de Jesús. Vino también Nicodemo, el que antes había visitado a Jesús de noche, trayendo un compuesto de mirra y de áloes, como cien libras. Tomaron, pues, el cuerpo de Jesús y lo envolvieron en lienzos con especias aromáticas, según la costumbre judía de sepultar. En el lugar donde fue crucificado había un huerto, y en el huerto un sepulcro nuevo, en el cual aún no se había puesto a nadie. Allí, pues, por causa de la preparación de la Pascua de los judíos, y porque aquel sepulcro estaba cerca, pusieron a Jesús.

LA RESURRECCIÓN

El primer día de la semana, María Magdalena fue de mañana, siendo aún oscuro, al sepulcro, y vio quitada la piedra del sepulcro. Entonces corrió y fue a Simón Pedro y al otro discípulo, aquel a quien amaba Jesús, y les dijo: —Se han llevado del sepulcro al Señor y no sabemos dónde lo han puesto.

Salieron Pedro y el otro discípulo y fueron al sepulcro. Corrían los dos juntos, pero el otro discípulo corrió más aprisa que Pedro y llegó primero al sepulcro. Y, asomándose, vio los lienzos puestos allí, pero no entró. Luego llegó Simón Pedro tras él, entró en el sepulcro y vio los lienzos puestos allí, y el sudario, que había estado sobre la cabeza de Jesús, no puesto con los lienzos, sino enrollado en un lugar aparte. Entonces entró también el otro discípulo que había venido primero al sepulcro; y vio, y creyó, pues aún no habían entendido la Escritura: que era necesario que él resucitara de los muertos.

Juan 19:38-42, 20:1-9

Lo que era desde el principio, lo que hemos visto y oído, eso os anunciamos,
para que también vosotros tengáis comunión con nosotros; y nuestra
comunión verdaderamente es con el Padre y con su Hijo Jesucristo.

1 Juan 1:1, 3

LA FILMACIÓN